BéisBol

HUMOR

Por

Charles Hellman y Robert Tiritilli

Impreso en Los Estados Unidos de América
TODOS LOS DERECHOS SON RESERVADOS
Derechos literarios©2018 LuckySports LLC
78218 Silverleaf Ctr., Palm Desert, CA 92211
www.LuckySportsHumor.com

ISBN 978-0-935938-56-2

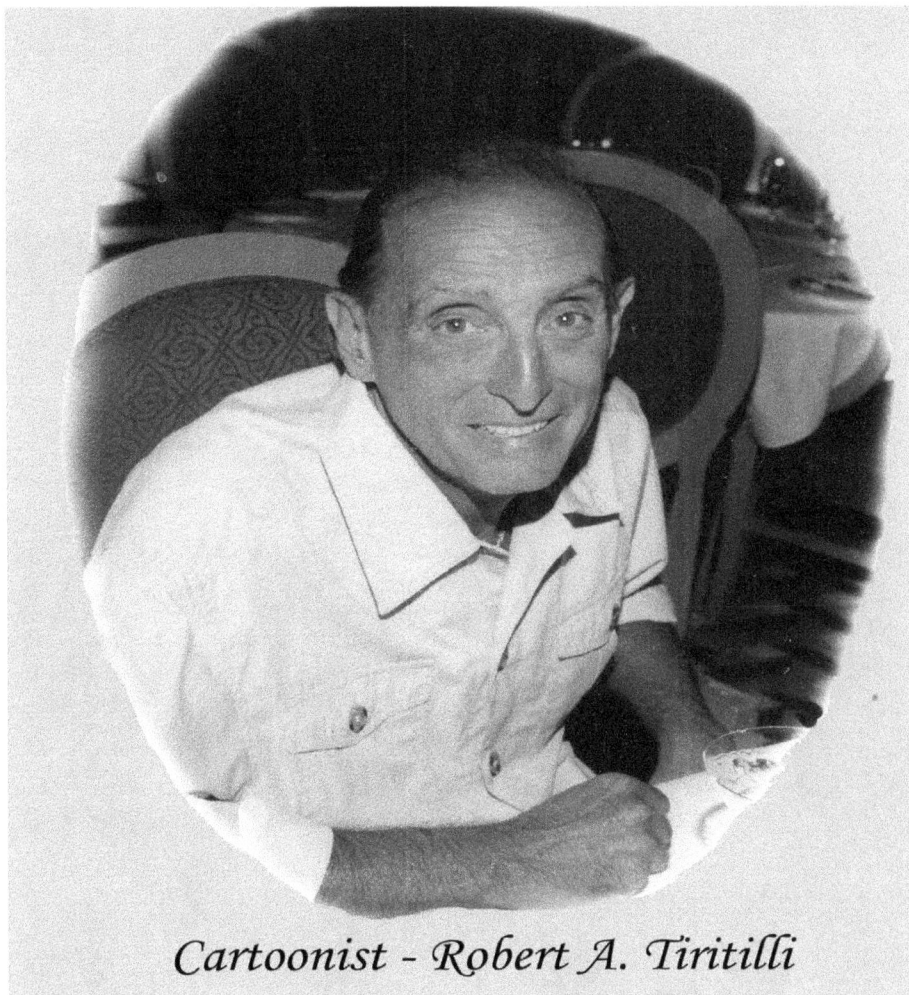

Cartoonist - Robert A. Tiritilli

Con años de fuertes habilidades de dibujante, Robert Tiritilli ayudó a crear su estilo extravagante y su talento para los dibujos animados deportivos mediante el empleo dual de retratos representativos y una alegre caricatura.

Béisbol 101

Cajón del Bateador

"¡Ya que DIOS empezó a, hacer las señales para los Angeles no han perdido ni un juego!"

"¡Él puede jugar cualquier posición que quiera!"

El conienzo de la
"MALDICIÓN DEL BAMBINO"

"¿ Asi es que tú tienes una teorí
acerca del BÉISOL, no?"

9

**¡Las drogus, mentiras y trampas...
cómo me gusta la postemporada!**

**"¡Ahora vamos! *CUBS... NUEVA YORK...
ARIZONA... la FLORIDA...!*"**

Ladrón de Bases

**"¡Recuerde...
de no sentarte entre nosotras!"**

Yogi cita a Shakespeare ...

Recepter

"¡Aqúi Cerveza!"

Un arma porun brazo

Dia de las Madres en el Estadio de los Yankees

Tomas esteroides

Abner Doubleday cambia las bases de zafiros a diamantes.

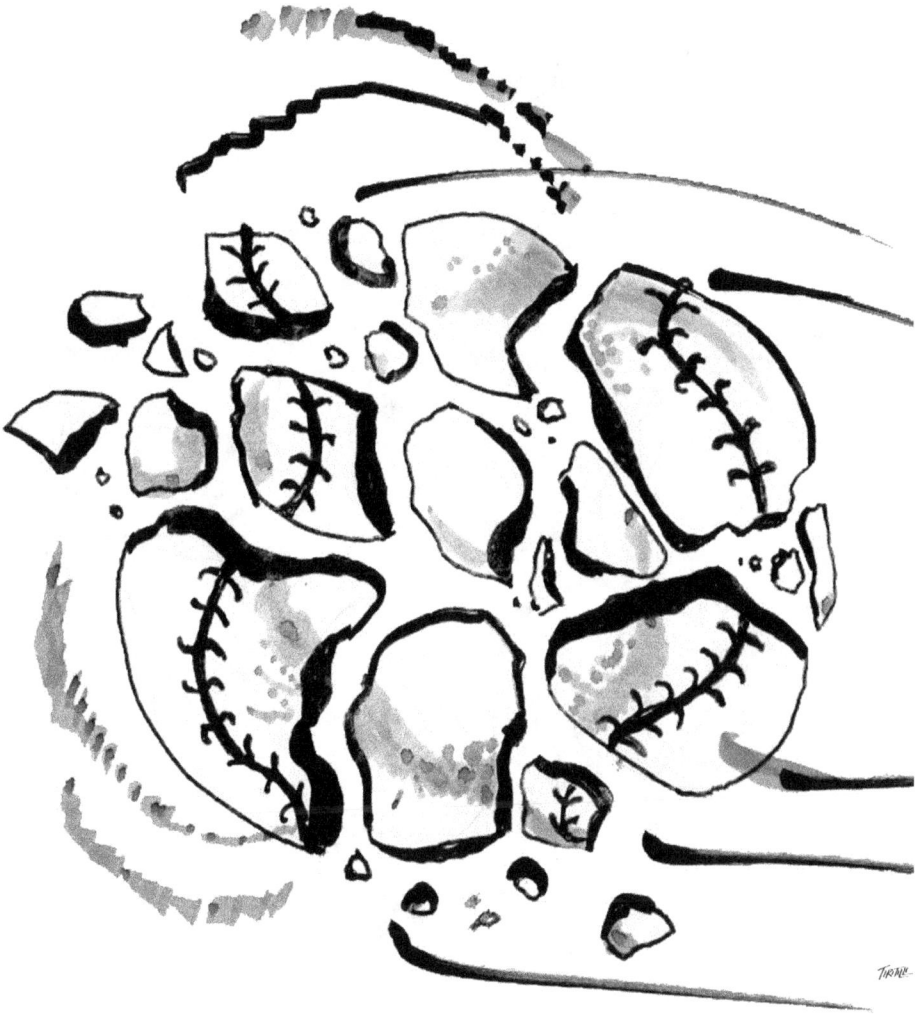

Bola de ruptura

"¡Alguién les dijo que yo ea un buscador de talento!"

Nuevo sistema de enumerar

Los esteriodes... no valen la pena!

**¡Babe Ruth apunta al receptor...
y prontamente poncha!**

"¿Qué es lo que no entiendes
de TERCER STRIKE?"

Lanazador de corpa

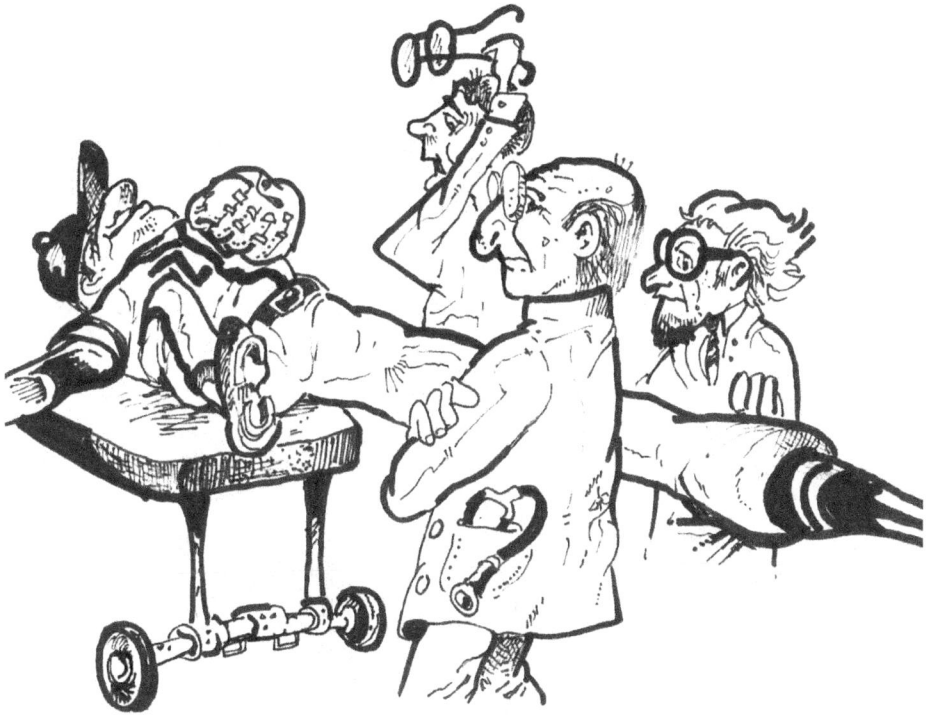

Hiper-Extensión

Vendedor

El comisario "se niega"
¡La licencia de Casey para robar!

**Después de 321 expulsiones -
Homero en las puertas nacaradas!**

Recogepelotas

Bola curva

Tipos de BÉISBOLES

Bola tenedor

Base-en-bolas

Liga de béisbol juvenil de Chernobyl

"¡Es el mayor contrato de béisbol hasta ahora!"

"¡Ahí!
¡Eso debería aclarar algunas cosas!"

**Einstein era un prospecto
de Grandes Ligas Hasta que descubrió
"La Ley de Gravedad".**

**Slugger no ha perdido
un balón en todo el verano.**

**"Ahí va de nuevo...
volando fuera de la manija."**

Los esteroides han hecho que Buster sea
tan grande que necesita bolsas de aire.
Además se le puede ver rodeando la luna!

"¡Las noticias de Béisbol
NO son noticias falsas!

"No escribo noticias falsas!"

**El entrenador Munger dice:
"En mis días, eso nunca sucedería!"**

Asientos de caja ...
Nivel del suelo   Caja del cielo

Types of SEATS

Asientos baratos

**A los encuentros indios de Cleveland
El primer temido "Infield Fly"!**

Surgir

Atrapados en un PICKLE

Dando señales

Buenas manos

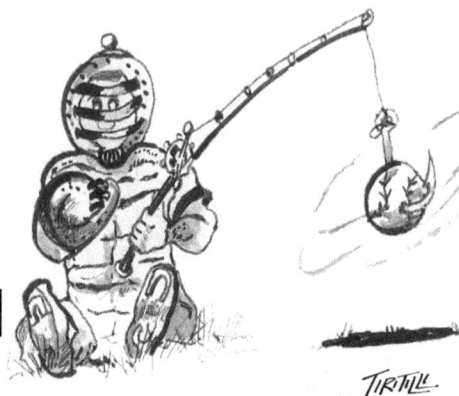

Colector

Tipos de Jugadores

Bateador de pelota larga

Moog se convierte accidentalmente primer bombero

**Shoeeless "Joe" Jackson
tiene los pies fríos!**

Diapositiva

**"¡Puedo jugar mejor
con los ojos cerrados!"**

Bola de aves

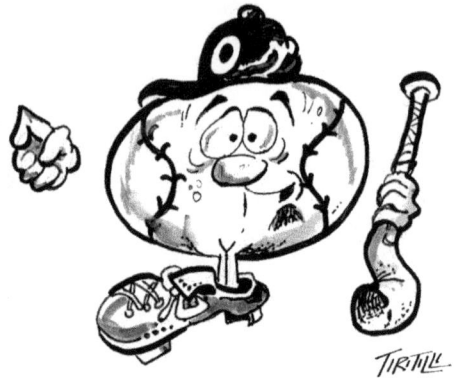

Goof Ball

Tipos de BÉISBOLES

Pelota voladora

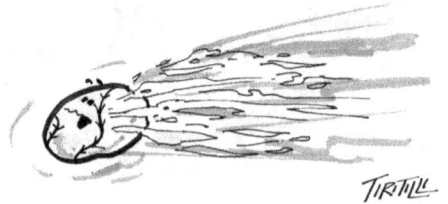

Bola de fuego

**"¡Levántate!
¡El juego NO ha terminado todavía!"**

Llama al 911

Sobresaliente en su campo.

**Otro jugador "Whistleblower"
deja el juego y se une
¡El Programa Federal
de Protección de Testigos!**

Plataforma de lanzamiento

Información de deportes

Murciélago

Jugador de dinero

Tipos de Jugadores

Bateador de "pellizco"

Arrastrar bunt

Sacrificio

Línea de falta

Cavando en la caja del bateador

BOIDS 3
DORKS 1
7⁴ᵗʰ INNING

TIRTILL

Marcador

"No comas la dona del murciélago!"

**Barco con
teatro a bordo**

Traer al bombero

Tipos de Jugadores

Ladrón de bases

Jugador supersticioso

Error

Gancho deslizante

Cascos de bateo

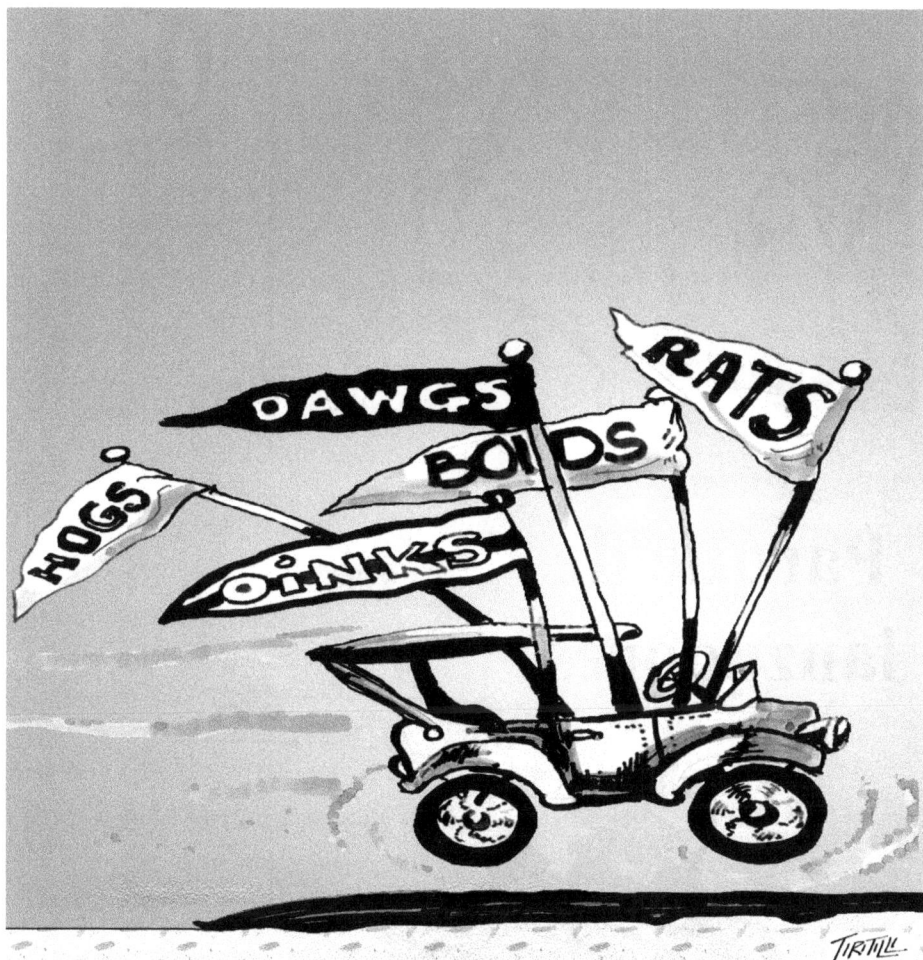

Unidad de banderín

Del bateador parque

Parque de lanzadores

74

Spitball

Béisbol

Tipos de BÉISBOLES

Excéntrico

Plomo

En la bolsa

Ventilador

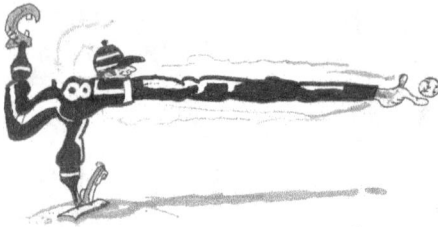

Armado de goma

Brazo de cristal

Tipos de PITCHERS

Lanzador salvaje

Tengo que arma para un brazo

Tres-bolsas

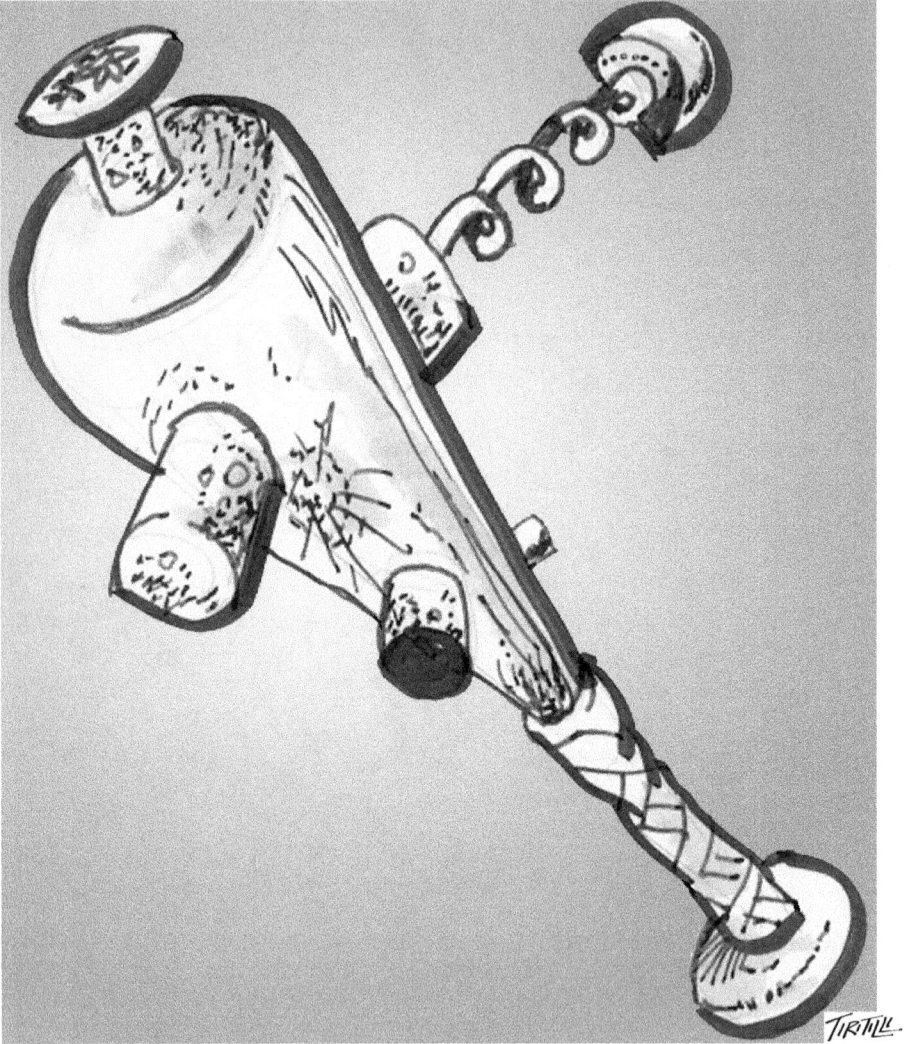

¿Que sabe a corcho?

**"Tienes un brazo de rifle,
¡pero es del calibre equivocado!"**

"¡Profesor, los jugadores de béisbol no entienden la FÍSICA CUÁNTICA!"

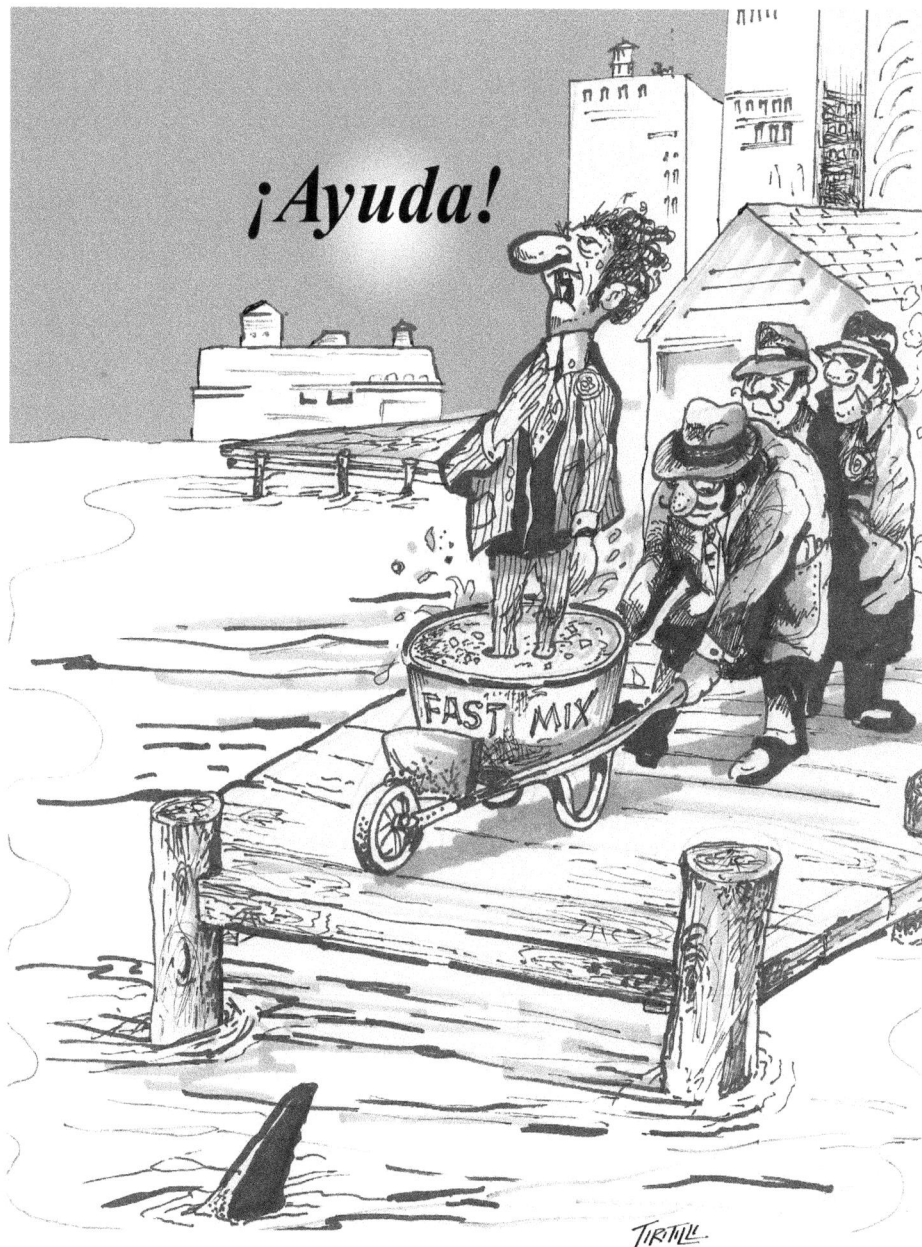

Vendió drogas a los pequeños ligeros.

**Miguel Ángel crea "DIOS".
Dios crea el béisbol.**

Munkus se niega a batear el último.

"Rocky" es una cara de béisbol!

**La reina madre la celebra
200 cumpleaños ...
tira el primer lanzamiento
en el Yankee Stadium.**

Muchos dedos apuntando a la Reunión del Comité de Negociación Deportiva

**"¡Izquierda, escuché que eres
un buen hombre de los guantes!"**

"Se puede decir que era un ...
¡Jugador de baseball!"

**"Esos fanáticos saben cómo
¡PRESIONE SUS BOTONES!"**

**BABE viene a través de ...
Termina en Hog Heaven!**

Propietario de béisbol jugando

"Dijiste que deberíamos "TOUCH BASE" en algún momento."

**"Te llamo Sir Loin,
¡bien hecho!"**

"El equipo no se ha olvidado de ti.
Siguen preguntando ...
¿Dónde está Stinky?"

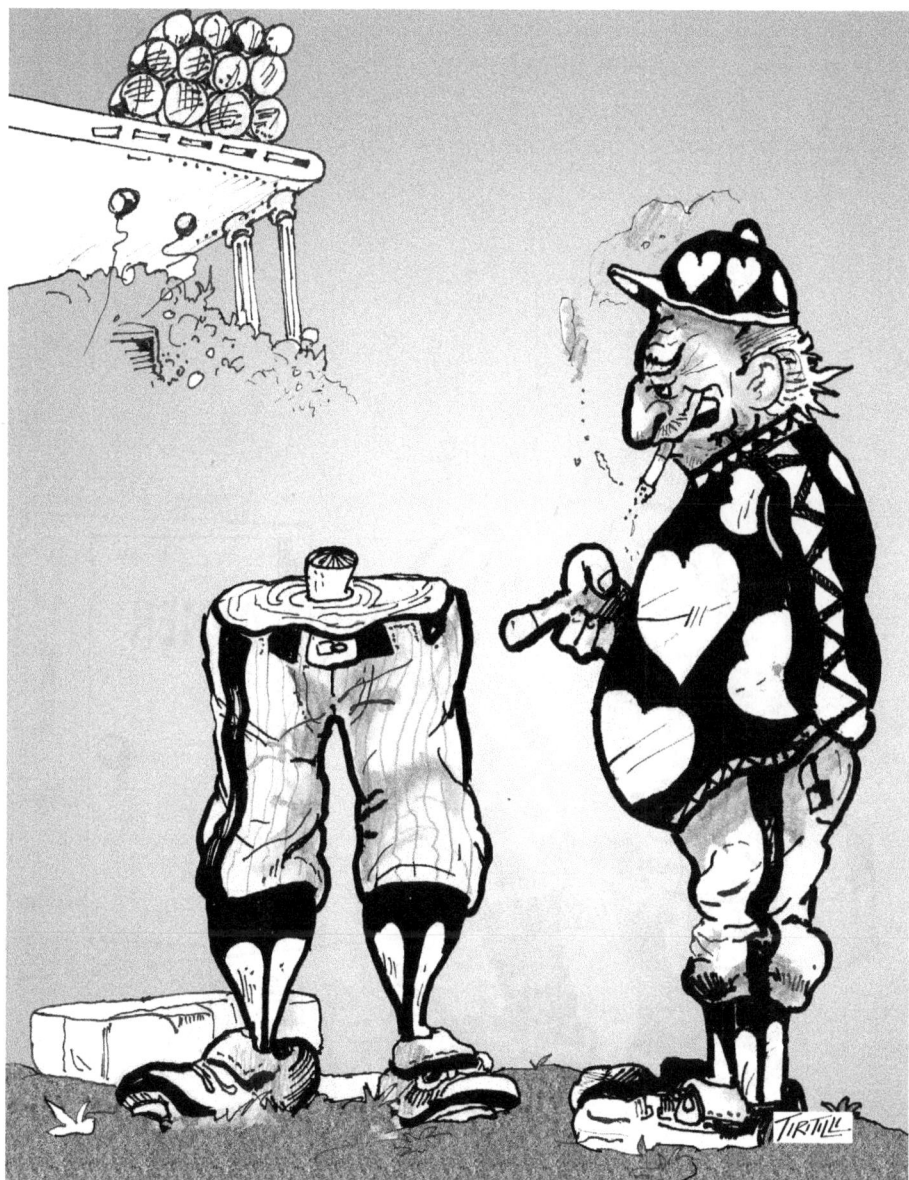

"¡AH! ¡Decir ah! El perfecto ¡Hombre de corte!"

"Lástima que llegues tarde. Rompió tu contrato de béisbol hace un minuto."

Los fanáticos del béisbol deben aprender
¡Pensar fuera de la caja!

**"No creo que estés bastante
¡Listo para los mayores!"**

**"¡Tal vez menos ejercicio mejorará
tu promedio de bateo!"**

"¿Quieres que sea un árbitro?"

"¿Quién quiere ir a la Serie Mundial?"

Educacion deportiva

"Cambié nuestros asientos de dugout
Durante una semana en Arizona."

"¿De qué tribu eres?"

"Una mascota de pollo no tiene respeto!"

Fan del fan

Milenios de copos de nieve

"Lo siento ... devuélvelo. Nuestro manto no es lo suficientemente grande."

"Él tiene WiFi".

El primer teléfono celular.

**"Levantar tu mano
Si fueras un árbitro de béisbol."**

"Mi bola rápida una vez fue cronometrada más de 110 mph!"

**"Lo siento, nunca he oído
hablar de Abbott y Costello!"**

"¿Quién es el primero?"

"¡Qué pasa en segundo lugar!"

"¡No lo sé en tercero!"

**"Cariño, ellos me quieren
ser un bateador emergente!**

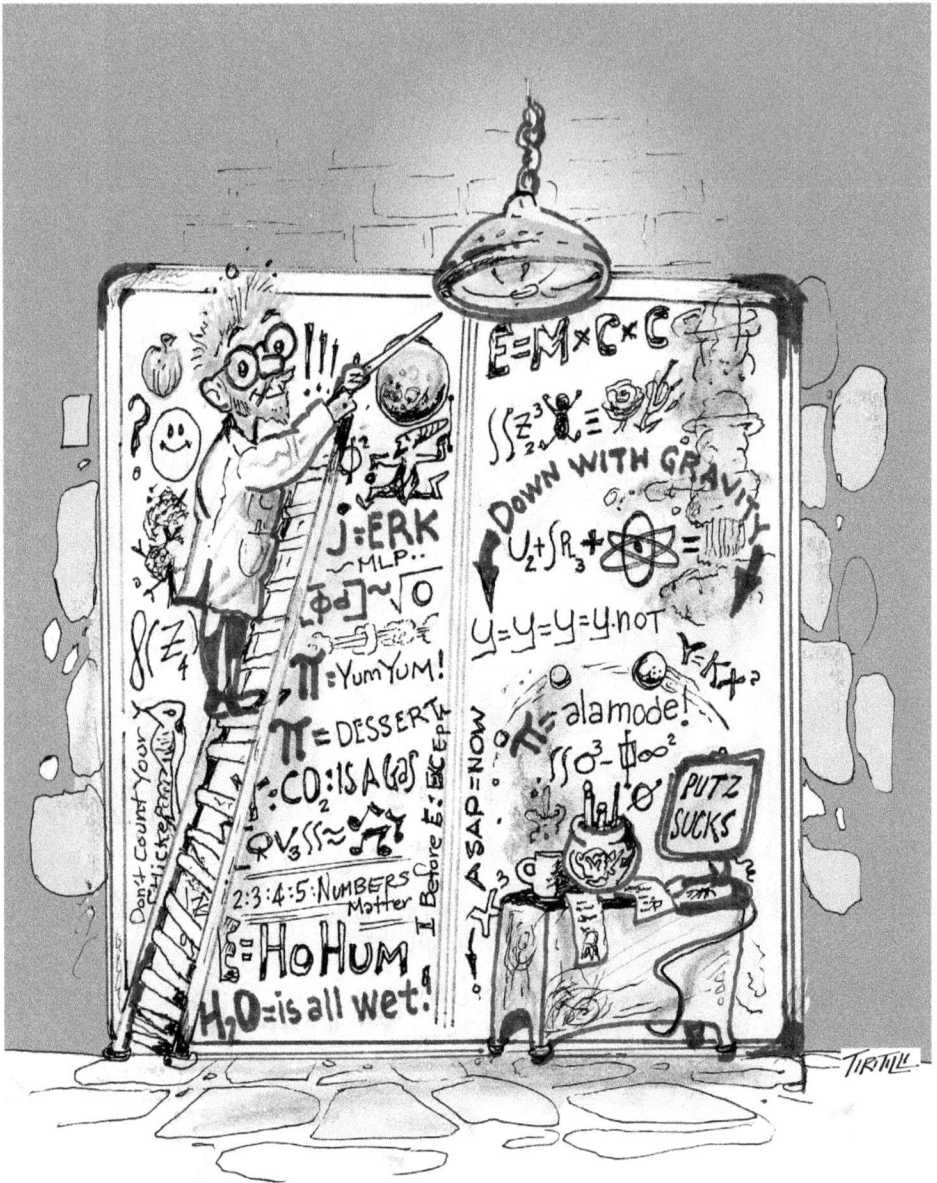

Fritz demostró que el juego de béisbol es el pasatiempo nacional de Estados Unidos.

Robert A. Tiritilli

El galardonado dibujante, Robert A. Tiritilli, un verdadero aficionado a los deportes, es un apasionado de todos los deportes y le encanta burlarse del pasatiempo y de todos aquellos que lo practican. Dibujó miles de dibujos animados de diferentes deportes y creó su estilo extravagante de caricaturas deportivas al combinar retratos representativos con una alegre caricatura.

Él usa un sentido único de estupidez para tocar un acorde con cualquiera que juegue o disfrute de los deportes, ya sean atletas o personas.

Encuentra más formas de mezclar caricaturas humorísticas con leyendas ingeniosas. Este dibujante juega con una baraja de cartas que contiene todos los matices de humor deportivo: ingenio, sátira, bromas y payasos.

Ríete hasta que tus costados duelen con sus colecciones de divertidos dibujos animados deportivos. Tiritilli ha vuelto a poner la "F" en la palabra "DIVERSIÓN".

El deporte tiene más palabras, términos y frases que se prestan a una reinterpretación humorística basada en su significado literal.

Lo mejor de estas caricaturas es cuando cambia el significado de una frase deportiva a otra. Pero en algunos casos, las imágenes toman el chiste obvio y lo hacen mejor con una ejecución hilarante.